1 MONTH OF
FREE
READING

at
www.ForgottenBooks.com

By purchasing this book you are eligible for one month membership to ForgottenBooks.com, giving you unlimited access to our entire collection of over 1,000,000 titles via our web site and mobile apps.

To claim your free month visit:
www.forgottenbooks.com/free961100

ISBN 978-0-260-63660-7
PIBN 10961100

A MES COMPATRIOTES DE LA PROVINCE DU BAS CANADA.

MESSIEURS,

EN redigeant ce petit ouvrage je n'ai eu d'autre vue que de vous faciliter la connoiſſance des loix conſtitutionelles de votre parlement et des regles qu'il s'eſt impoſées pour proceder regulierement aux affaires publiques : Si leur aimable ſimplicité peut vous suggerer le déſir de contribuer en parlement au bien être de votre pays et vous engager à vous devouer genereuſement à ce grand œuvre, J'aurai atteint le but que je me ſuis propoſé et c'eſt alors que je pourrai me dire vraiment,

MESSIEURS,

Un de vos plus fortunés Compatriotes,

JOS. FR. PERRAULT,

Protonotaire de la Cour du B.
R. et un ancien Membre de la
Chambre d'Aſſemblée.

Quebec le 31e. Octobre, 1805.

INTRODUCTION.

Le mérite de cet ouvrage ne confiste que dans l'ordre Alphabetique dans le quel on a placé chaque objet qui a rapport au parlement de cette province.

On trouvera fous chaque mot tout ce qui lui eft relatif, par exemple, en cherchant le mot BILL, on verra ce que c'eft, de quelle maniere on doit proceder pour le faire paffer par tous les degrés néceffaires pour le conduire à fa perfection, la différence dans les procedés fur un bill public ou fur un bill privé &c. Si de là on paffe au mot MOTION on y trouvera fa definition, comment elle doit être préfentée, fecondée, lue, debattue, mife aux voix et en fin decidée.

Sous les mots GOUVERNEUR, CONSEIL LEGISLATIF & CHAMBRE D'ASSEMBLE'E on reconnoitra l'exiftence et la ballance, dans ce pays, des pouvoirs monarchique, ariftocratique et democratique, qui forment le fiftême parlementaire de l'empire Britannique ; fous ceux D'OFFICIERS RAPPORTEURS, D'ELECTEURS, DE CANDIDATS, DE MEMBRES, D'ORATEUR, DE GREFFIER &c. on rencontrera, les pouvoirs, qualifications, privileges, exemptions, devoirs & punitions qui les

A 3

concernent refpectivement; en forte qu'en étudiant ce petit ouvrage on peut non feulement fe mettre au fait des principes fondamentaux de la conftitution actuelle, mais encore fe mettre en état de remplir les devoirs de ces differents emplois, aux quels tout citoyen peut-être appellé tot ou tard.

Si à ces connoiffances on ajoute l'étude de la traduction de la LEX PARLIAMENTARIA, que l'on peut fe procurer à la nouvelle imprimerie à Quebec, on aura des lumieres fuffifantes pour co-operer efficacement dans le parlement au bonheur de cette province.

Bonheur ! que toute perfonne inftruite doit avoir à cœur fi elle entend bien fes vrais intérêts, puisqu'il eft conftant que c'eft faire fon propre bien que de procurer celui de la communauté en général.

ABSENCE. Si chaque membre étoit bien imbu de l'importance des fonctions legiflatives il ne feroit pas neceffaire de chercher des moyens pour les forcer à s'en acquitter ; mais l'expérience ayant prouvé que plufieurs l'oublient ou l'ignorent et negligent de remplir en parlement une place qu'ils ont fouvent briguée, il a fallu de temps à autre reveiller leur attention foit par des amendes, foit par la crainte d'être envoyé querir par le fergent d'armes. Pour prevenir les inconveniens qui pouvoient refulter dans le Bas Canada de l'abfence des membres du parlement, il a été reglé qu'une abfence de quatre années de la Province, fans permiffion, feroit perdre le droit héréditaire au Confeil Légiflatif. qu'aucun membre de la Chambre ne peut s'abfenter plus d'une

Lex Parliam. P, 148. 187. 358

St. 31. G. III, Ch 31. S. 6.

Regles. des membres. 12.

Seance à la fois, pendant une Seffion, fans en avoir obtenu permiffion de la Chambre : en outre il a été paffé une refolution dans la Chambre de ne pas donner de congé d'abfence, a moins qu'il n'y eut trente membres prefents en ville, et a moins que ce ne fut pour des affaires urgentes et imprevues, fpecialement expofées à la Chambre. le membre qui fe trouve dans le cas d'avoir befoin d'un congé d'abfence doit prefenter, chambre tenante, une motion à cet effet.*

AGE. On voit dans les notes d'*Hatsell* qu'un certain membre frappé de voir dans le parlement Britannique plufieurs membres très jeunes dit affez plaifamment que ces meffieurs pervertiffoient l'ordre naturel en faifant la loi à leurs peres ; c'eft pour éviter ce jufte reproche qu'il a été ftatué qu'il faut être ma-

St, 31. G. III.
S. 1.
S. 4 et 22.

---

*Monsr. . . . . . . demande qu'il lui foit permis de s'abfenter de cette chambre pendant . . . . . . jours, un accident imprevu *(qu'il faut mentionner)* exigeant fa prefence à . . . . . .

jeur, c'eſt a dire, avoir atteint l'age de 21 ans, pour être membre ſoit du conſeil legiſlatif ſoit de la chambre d'aſſemblée. De même que la jeuneſſe n'eſt pas aſſez reflechie pour faire des loix, la vieilleſſe eſt peu propre auſſi à remplir des emplois qui demandent de la vigueur et de l'activité, c'eſt pourquoi il a été reglé que les perſonnes agées de ſoixante ans ne pouvoient être nommées officiers rapporteurs.

St. 40. G. III. C. I. S. 2.

AFFICHES. Afin de rendre les élections auſſi publiques que poſſible, dans toutes les parties de la province, il a été ordonné aux officiers rapporteurs de faire afficher et publier aux portes des égliſes de leurs comtés reſpectifs et dans les lieux les plus publics, où il n'y a pas d'égliſe, le jour, lieu et heure que ſe feront les élections. On doit afficher notice dans le veſtibule de la chambre des bills privés.

ib. S. 8.

Regles. des bills privés 5.

AIDES. Voyez ce qui en eſt dit au mot TAXE à la lettre T.

Lex parliam. P. 345. 264. 337.

AJOURNEMENT. La chambre s'ajourne elle même et l'orateur ne

peut l'ajourner fans fon confentement. Il y a cette différence entre
l'ajournement et la prorogation,
pour l'avantage du public, que par
l'ajournement tout eft continué dans
l'état qu'il fe trouve, au lieu que par
la prorogation tout refte comme il
fe trouve et qu'il faut recommen-
cer. Il eft incontestable aujourd'hui

ib. 390.

que le privilege du parlement a lieu
pendant l'ajournement comme pendant la tenue du parlement. Une

Regles.
des motions
I.

motion pour ajourner eft toujours
d'ordre, c'eft à dire, qu'elle a la pré-

Affemblées et
ajournements
I.

férence fur tout autre objet. L'a-
journement de la chambre eft fixé
à trois heures après midi, à cette
heure, faute de quorum, l'orateur
eft autorifé d'ajourner. Un ordre

des ordres
du jour
2.

du jour tombé par un ajournement
faute de quorum eft la premiere affaire dont la chambre s'occupe à la
feance fuivante.*

des aides et
fubfides
3.

AMENDE. La chambre d'affemblée a jugé à propos ne devoir pas
infifter fur fon privilege à l'égard

---

* *Motion d'ajournement ordinaire.*
Monsr. . . . . mouve que la chambre s'a-
journe.

des amendes impofées par le confeil
legiflatif dans leurs bills, pourvû
que les dites amendes ne tendent
qu'à punir ou prevenir les offenfes.

AMENDEMENT. Les amende-
ments doivent être écris fur du pa-
pier et n'ont point befoin d'être fou-
tenus de raifons. On ne peut faire
d'amendement à un bill avant la
deuxieme lecture. Tous amendements doivent être rapportés à la
chambre par le préfident à fa place;
cependant après ce rapport le bill
peut encore être amendé dans la
chambre.

Lex parliam.
P. 323. 351.

Regles.
des bills pub-
lics.
4.
5.

APPEL à la CHAMBRE. On
peut appeller à la Chambre de la
decifion de l'orateur, *qui de plufieurs*
membres s'eft levé le premier : fi un
membre appellé à l'ordre n'eft pas
fatisfait de la decifion de l'orateur,
il en peut appeller à la Chambre.
les appels à la Chambre fe decident
fans débats.

Regles.
des membres
2.

ib.   5.

ib.   5.

APPEL AU ROY. On peut ap-
peller au Roi en parlement de la
decifion du confeil legiflatif fur
toute queftion concernant le droit

St. 31. G. III.
C. 31. S. 11.

d'être fommé au dit confeil.

Lex parliam.
272, 357.

APPEL NOMINAL. Cet appel fe fait pour connoitre ceux qui font abfents fans permiffion ou fans jufte caufe, et il fe fait auffi quand il doit être agité quelque queftion intereffante pour avoir une chambre complete.✳ dans ce cas des lettres circulaires font envoyées à tous les membres abfents pour leur notifier cet appel.

Voyez le
Journal de
1803, p. 137.
et fuivantes

ARISTOCRATIE. Comme l'ariftocratie eft une des colonnes du fifteme parlementaire il étoit effentiellement neceffaire que fa Majefté fut autorifée à en établir une dans le Bas Canada, puifqu'on y établiffoit un parlement provinvcial; auffi eft elle autorifée a le faire par lettres patentes, avec droit d'être fommé au confeil Légiflatif.

St. 31. G. III.
C. 31. s. c.

AVOCAT. Ceux qui prefentent des requêtes à la chambre d'affemblée peuvent être entendus par avocats.

Regles.
des élections
8.

✳ Monsr. . . . . . propofe qu'il foit fait un appel de cette chambre le . jour du mois de . . . . prochain.

BARRE DE LA CHAMBRE.

La chambre d'affemblée eſt ferme'e d'une baluſtrade en bas de l'appartement, au milieu de laquelle eſt une barre qu'on leve pour l'entrée des membres. C'eſt ce qu'on appelle la barre de la chambre. Les membres du conſeil légiſlatif qui deſirent entendre les debats de la chambre peuvent avoir des ſieges, mais hors de la barre ; et ils ſont ſujets à ſe retirer quand on ordonne de vuider la chambre. S'ils ſont obligés de comparoitre devant la chambre ils ont droit d'être aſſis en dedans de la barre. La barre de la chambre doit être fermée pour entendre un témoin quand la chambre ſiege, mais non pas quand elle eſt en comité.

Regles du Conſeil Legiſlatif. 4.

Lex parliam. p. 36.

ib. p. 285.

BEDFORD.

Le comté de Bedford comprend toute cette partie de la province ſur le coté Eſt de la riviere Sorel, autrement appellée Richelieu ou Chambly, entre la dite riviere et le coté occidental du

Proclamation du 7 Mai 1792.

comté de Richelieu, enfemble les Ifles dans la dite riviere les plus voifines du dit comté et lui faifant face en tout ou en partie. Ce comté a

St. 40. G. III. le droit de choifir un membre pour
C. 1. S. 9. l'affemblée et l'election doit s'en faire dans la Seigneurie St. Armand et enfuite en la paroiffe de la pointe Olivier.

BILLS. On entend ici par bills
St. 31. G. III. des projets de loix. Le Gouver-
C. 31. S. 30. neur, Lieutenant Gouverneur ou la perfonne ayant l'adminiftration du gouvernement de cet province eft autorifé à fanctioner ou à rejetter, fuivant fa difcretion, (fujette néanmoins aux conditions contenues dans l'acte et à fes inftructions) les bills paffés par le confeil legiflatif et l'affemblée, ou à les referver juf-qu'à ce que le bon plaifir de fa Ma-

ib. 31. jefté foit connu. Il doit tranfmet-tre au Sécretaire d'état copies des bills, et fa Majefté peut, dans le cours de deux années, faire notifier fon defaveu des dits bills. Les bills

ib. 32. renvoyés pour le bon plaifir de fa Majefté n'ont force de loix qu'après que l'approbation royale eſt communiquée au conſeil legiſlatif et à l'aſſemblée. Ceux qui touchent en quelque choſe que ce ſoit le culte religieux du Bas Canada, ſes miniſtres et leurs droits, doivent être tranſmis au parlement de la Grande Bretagne, avant de recevoir la ſanction royale. Les bills pour aides et ſubſides doivent originer dans la chambre d'aſſemblée, à qui ſeule appartient le droit de regler, limiter et pointer les fins, buts, conſiderations, conditions, reſtrictions et qualifications de ſes dons ; et ils ne peuvent être alterés par le conſeil légiſlatif. La chambre ne doit pas inſiſter ſur ſon privilege et rejetter les bills du conſeil legiſlatif qui impoſent des peines pecuniaires, ou les amendements du dit conſeil, qui introduiſent ou changent les amendes portées par la chambre ; pourvu que ces amendes ne ſoient que pour punir ou prevenir les offences. Un bill public ne peut être introduit que ſur une motion* tendante à en

ib. 42.

Regles des aides et Subſides 2.

ib. 3.

Regles des bills publics 1.

obtenir permiſſion de la chambre, dans laquelle ſera mentionné le titre du bill, ou ſur une motion pour nommer un comité pour le prepa-rer,† ou ſur le rapport d'un comité par ordre de la chambre. Les bills relatifs aux loix criminelles d'An-gleterre, en force en ce pays, et aux droits du clergé proteſtant, doi-vent être introduits en langue ang-loiſe, et ceux relatifs aux loix, cou-tumes, uſages et droits civils de cette province, en langue françoiſe ; afin de conſerver l'unité des textes. Tous les bills preſentés à la cham-bre doivent être mis dans les deux langues ; ceux en anglois doivent être traduits en françois, et ceux en françois, traduits en anglois par le greffier ou ſes aſſiſtants avant la

ib. 2.

ib. 3.

---

* Monſr. . . . . . demande qu'il lui ſoit permis d'introduire un bill intitulé " Bill pour &c."

† Monſr. . . . . . propoſe qu'il ſoit nom-mé un comité de cinq membres, dont trois formeront le quorum, pour preparer et faire rapport d'un bill tendant à &c. avec pouvoir d'envoyer querir les perſonnes et papiers.

premiere lecture, et à chaque lecture
ils doivent être lus dans les deux
langues. Aucun bill ne fera remis ib. 4.
à un comité, ni amendé, avant
qu'il n'ait été lu deux fois. Un bill
rapporté par un préfident de comi- ib. 5.
té eft fujet à être debattu et amendé dans la chambre. Tout bill recevra trois différentes lectures, à ib. 6.
différents jours, avant d'être paffé ;
excepté dans des occafions urgentes
et extraordinaires, ou il pourra être
lu deux ou trois fois dans un
même jour. Quand un bill eft lu
dans la chambre, le greffier doit cer- ib. 7.
tifier au dos d'icelui la lecture et le
temps où elle a été faite. Les bills
referés à des comités de toute la ib. 8.
chambre doivent être lus premierement par le Greffier dans les deux
langues, puis par le prefident. Enfuite debattus claufe par claufe. Le
preambule et le titre ne font confi-
dérés qu'en dernier. Le greffier ib. 9.
doit certifier au bas de chaque bill
le jour et la paffation d'icelui dans
la chambre. On procede fur les ib. 10.
bills venant du confeil légiflatif

comme fur ceux de la chambre.
Tout bill privé doit être introduit
sur requête préfentée par un membre & fecondée. Il n'eft pas permis d'introduire un bill sur aucune requête tendante à établir un péage, ou à impofer des droits pour quelque ouvrage, avant que la dite requête n'ait été reférée à un comité pour en examiner la matiere et en faire rapport à la chambre.

Regles.
des bills privés 1.

ib. 2.

BUCKINGHAMSHIRE. Ce comté comprend toute cette partie de la province fur le côté fud du fleuve St. Laurent entre le côté occidental du comté de Dorchefter et une ligne parallele à icelui courant de l'angle nord Eft d'une étendue de terre communement appellée la feigneurie de Sorel, enfemble avec toutes les ifles dans le fleuve St. Laurent ou lac St. Pierre les plus voifines du dit comté et lui faifant face en tout ou en partie. Ce comté a le droit de choifir deux membres pour l'affemblée et l'election doit s'en faire à Lotbiniere et enfuite à Nicolet.

Proclamation
du 7 Mai.
1792.

St. 40. G. III.
C. 1. S. 9.

CANDIDAT. On appelle Can- St. 40. G. III.
didat celui qui fe prefente pour être C. 1. S. 18.
élu membre de la chambre d'As-
femblée. Il lui eft défendu un
mois avant ou pendant l'election, par
lui même ou par tout autre, foit di-
rectement ou indirectement, de
donner ou allouer à aucun electeur
quelque fomme ou promeffe d'argent que ce foit ni aucune renume-
ration ; il ne doit pas non plus dans
le temps fusdit, par lui même ou par
quelqu'autre, ouvrir ou foutenir une
maifon publique de traitements, à
peine d'une amende de £25 à £50 ib. s. 11.
—tout electeur prefent à une election
peut fe declarer reprefentant un can-
didatabfent, fans qu'il ait befoin
d'un pouvoir fpecial pour cela.

CHAMBRE D'ASSEMBLEE.
La chambre d'affemblée, à l'inftar de
la chambre des communes d'Angleterre, eft compofée des chevaliers,
bourgeois et citoyens, et reprefente Lex parliam.
le corps de la communauté entiere. P. 1. 1.
Elle eft autorifée à faire des loix St. 31. G. III.
pour la tranquillité, le bonheur et C. 31. S. 2.
bon gouvernement de la province.

Le gouverneur peut la convoquer de temps à autre fuivant que l'occafion l'exigera, mais au moins une fois chaque année. Il étoit autorifé dans le principe à determiner le nombre de reprefentants que devoit choifir chaque diftrict, comté et ville. Toutes les queftions doivent être décidées, dans la chambre d'affemblée, à la majorité des voix des membres prefents. La chambre a fixé fon affemblée a trois heures l'après midi; a cette heure, faute de quorum, l'orateur peut ajourner la chambre. Sur l'apparence d'un quorum l'orateur prend la chair et les membres font appellés à l'ordre. L'orateur eft chargé de faire obferver l'ordre et le decorum dans la chambre. Il decide les queftions d'ordre, fauf appel à la chambre. Quand la chambre fe trouve divifée egalement l'orateur vote. L'orateur doit être de bout et découvert quand il s'adreffe à la chambre. Dans tous les cas imprevus on doit avoir recours aux regles, ufages et formes du parlement Britannique, jufqu'à ce que la chambre juge apropos de faire des regles applicables à ces cas imprevus. La chambre doit determiner fi les requêtes qui lui font prefentées contiennent matiere fuffifante pour s'en occuper. Si elle decide que la matiere n'eft pas fuffifante elle les rejette, fi au contraire elle décide que la matiere eft fuffifante alors un jour eft fixé pour en entendre le mérite. Aucun témoignage *ex parte* ou *affidavit* ne doit être admis fi on peut fe procurer la perfonne. Les petitionnaires peuvent être entendus par avocats ; et les membres dont on fe plaint peuvent être entendus à Teurs places, foit au mérite foit fur les témoignages, mais ils doivent fe retirer avant que la queftion foit mife. On fe rend coupable de mépris envers la chambre fi on n'obeit aux warrants de l'orateur, et on peut être mis fous la garde du fergent d'armes pour cette offence. Lorfque la chambre fe divife, fi fix membres requerent que les noms foient pris, le Greffier doit les entrer fur les regiſtres. Quant à la maniere de preſenter ou de proceder fur les motions ou queſtions, voyez MO-TIONS à la lettre M. et fur les des bills pri-vés 3. bills voyez BILLS à la lettre B. la des Requêts 1. chambre n'entend aucun pétition-naire contre les requêtes ou bills référés à des comités, qu'après que les comités ont fait rapport à la chambre. Les membres qui pre-ſentent des requêtes, mémoires et ib. 2. autres papiers à la chambre ſont reſ-ponſables qu'ils ne contiennent rien d'impropre ou d'indecent. La cham-bre ne reçoit aucune requête ten-dante à obtenir quelqu'argent pour ſervice public, a moins quelle ne ſoit recommandée par le Gouverneur : des bills pri-eés 3. de même il n'eſt jamais permis d'introduire dans la chambre un bill privé qui tend à établir un péage ou ou des droits pour quelque ouvrage, avant qu'll n'ait été référé à un co-mité qui en examine la matiere et en fait rapport à la chambre. Tous des papiers. 1. papiers mis devant la chambre ſont lus une fois de droit par le greffier :

pour les faire relire ensuite, il faut
une motion, et s'il y a quelqu' objection on prend le sens de la chambre. Lorsque la chambre se forme des comités
1,
en comité general l'orateur laisse la
chair. La maniere dont la cham-
bre procede pour appointer un co- ib.   2.
mité special, est premierement, de
déterminer le nombre dont il con-
sistera, ensuite chaque membre en
propose un, dont le greffier écrit le
nom ; et ceux qui ont le plus de
voix sont pris successivement jusqu'à ce que le nombre soit complet.
S'il arrive que deux membres ou
plus, ayent un égal nombre de voix,
on prend l'opinion de la chambre
sur la préférence. Celui qui s'est ib.   3.
declaré contre l'objet referé à un
comité, ne peut en être nommé
membre ; mais celui qui aura dé-
mandé le comité aura le droit d'en
être membre, sans qu'il soit besoin des messagers
1.
que la chambre le nomme. La
maniere de nommer les messagers
est la même que celle adoptée pour
nommer les membres d'un comité ;
en sorte que celui qui en a fait la

motion eſt un des meſſagers de droit, comme celui qui s'eſt déclaré contre le ſujet du meſſage n'en doit pas être. La chambre donne la preférence à l'ordre du jour ſur toute motion. C'eſt une regle de la chambre que ſi un ordre du jour tombe par un ajournement, faute de quorum, il doit être pris en conſidération le premier à la prochaine aſſemblée. S'il ſe preſente quelque matière de privilege la chambre doit s'en occuper immediatement. La chambre ne doit accorder aucun congé d'abſence, amoins qu'il n'y ait trente membres preſents en ville, et que ce ſoit à cauſe de quelques affaire urgente et imprevue ſpecialement expoſée à la chambre.

CHAIR. La chair eſt une place elevée au haut de la chambre d'aſſemblée où eſt placé l'orateur afin qu'il ſoit mieux vu et entendu. Sur l'apparence d'un quorum l'orateur doit prendre la chair et auſſi quand l'huiſſier de la verge noire eſt à la porte ; mais quand la chambre ſe forme en comité l'orateur doit la laiſſer.

des ordres du jour 1.

ib. 2.

des privileges 1.

de l'abſence des membres 1.

Lex parliam, p. 261.

du Quorum 3.

des Comités 1.

CLERC. Les officiers rappor- St. 40. G. III
teurs peuvent nommer un clerc pour C. 1. S. 7.
les affifter à prendre le poll, auquel
ils font autorifés de faire preter ferment.

COMITE'S. Les rapports des *Regles.*
comités generaux ou fpeciaux s'en- du Journal
trent fur les deux regiftres de la
chambre, en François dans l'un et
en Anglois dans l'autre. Les minutes des comités font remifes au
greffier de la chambre pour être
confervées. Les regles de la cham- des Regles de
bre s'obfervent dans les comités gé- la chambre 1.
néraux, en autant qu'elles font applicables, excepté qu'on peut parler plufieurs fois fur le même objet
dans les comités, ce qui ne fe fait
pas dans la chambre. Dans tous les des Elections
cas d'élections conteftées, reférées à conteftées
des comités, on y fuivra, autant que
faire fe peut, les regles adoptées par
la chambre, et dans les cas impre- ib. 15.
vus on aura recours aux regles, ufa- des Regles de
ges et formes du parlement d'Ang- la chambre.
leterre. Les comités feront rap- ib. 2.
port du témoignage ainfi que du
mérite et des réfolutions qu'ils

C

ront pris en conſequence. Un bill
public peut être introduit ſur le
rapport d'un comité par ordre de

la chambre. Aucun bill n'eſt remis à un comité qu'après la ſeconde

lecture. Tout amendement doit
être rapporté à la chambre par le
preſident du comité à ſa place. Les

bills referés à des comités de toute
la chambre doivent être d'abord lus
en françois et en anglois par le
greffier, puis par le preſident, et
enſuite debattus clauſe par clauſe ;
le preambule et le titre ne ſont con-

ſiderés qu'en dernier. Il n'eſt pas
permis d'introduire aucun bill privé,
ſur requête tendante à établir un
péage ou à impoſer des droits pour
quelqu'ouvrage, qu'il n'ait été refé-
ré à un comité pour en examiner la
matiere et en faire rapport à la

chambre. Le preſident d'un comité ſur un bill privé, ne doit pas ſieger, avant d'en avoir affiché notice,
dans le veſtibule de la chambre,

huit jours d'avance. Les perſonnes intereſſées à un bill privé doivent comparoitre devant le comité

pour donner leur confentement, ou fi elles ne peuvent comparoitre, elles enverront leur confentement par écrit, qui fera prouvé devant le comité par un témoin ou plus. Lorfque la chambre fe forme en co- des Comités mité, on nomme un prefident, qui a la même autorité que l'orateur ; il en eft ainfi pour tout autre comité. La maniere d'appointer un comité ib. fpecial, eft premierement de fixer le nombre des membres dont il confiftera ; enfuite chaque membre nomme un membre pour le dit comité, dont le greffier écrit le nom, et ceux qui ont le plus de voix font pris fucceffivement jufqu'à ce que le nombre foit complet. S'il arrive que deux membres, ou plus, ont un égal nombre de voix, on prend l'opinion de la chambre fur la préférence. Tout membre qui s'eft déclaré contre l'objet référé à un comité n'en peut pas être ; mais celui qui a demandé un comité a le droit d'en être, fans qu'il foit befoin que la chambre le nomme.

Il a été refolu que fi lors de la

Regles
26 Jan. 1805. nomination d'un comité, on oublioit d'en fixer le quorum, le dit quorum confifteroit d'autant de membres qu'il en faut pour faire la majorité des membres qui compofent
le dit comité.

St. 31. G. III.
C. 31. S, 14. **COMTE'S.** Le gouverneur
dans le principe étoit autorifé a for-
mer des comtés dans la province
du Bas Canada, et à fixer le nombre
de leurs reprefentants pour le premier parlement.

ib, S. 43. **CONCESSIONS.** Les conceffi-
ons de terre dans le Bas Canada peuvent être faites en franc et commun
foccage, fi les conceffionnaires le defirent.

Lex parliam.
P. 63. **CONFERENCES.** Les deux
chambres font, en general, fi at-
tentives à tenir une bonne corref-
pondance entr'elles que lorfqu'un
bill a paffé dans l'une ou l'autre
des dites chambres et eft envoyé à
l'autre, il paffe prefque toujours.
Si cependant il eft rejetté ou changé, ce qui ne fe fait qu'après mure
délibération, il eft ordinaire de demander et d'avoir une conference

à ce fujet, afin de fatisfaire la chambre, d'où le bill vient, de la néceffité de le rejetter ou de le changer.

CONGE' D'ABSENCE, ne doit s'accorder que lorfqu'il y a trente membres prefents en ville, et que pour des affaires urgentes et imprevues, fpecialement expofées a la chambre.

Regles. Abfence des membres. P 99.

CONSEIL EXECUTIF. Aucun membre du confeil exécutif ne peut être nommé officier rapporteur.

St 40 G. II. C. 1 S. 2.

CONSEIL LEGISLATIF. Ce confeil dans le Bas Canada reprefente la chambre haute de l'Angleterre. Il eft autorifé a faire des loix pour la tranquillité, le bonheur et bon gouvernement de la province. Il doit être compofé d'au moins quinze membres. Les membres doivent avoir atteints vingt et un ans, être fujets naturels, ou naturalifés par acte du parlement, ou être devenus tels par la conquête. Leur place eft à vie. Sa Majefté eft autorifée a donner des droits héréditaires d'être fommés au confeil

St. 31. G. III. C. 31. S. 2.

ib. S. 3.

ib. S. 4.

ib. S. 3.

ib. S. 6.

légiflatif. Ces droits fe perdent par une abfence de quatre ans, ou par la preftation du ferment de fidélité à un autre fouverain. Les places au confeil legiflatif fe perdent par quatre ans d'abfence fans permiffion de fa Majefté et par deux ans fans per- miffion du gouverneur. Ces droits et ces places reftent vacants jufqu'à la mort des parties et enfuite paffent à ceux qui out droit de les re- clamer; mais le membre atteint de trahifon les forfait pour lui et les fiens. Toute queftion fur le droit d'être fommé au confeil legiflatif fera referée et jugée par le dit confeil, avec liberté d'en appeller à fa Majefté en parlement, dont le juge- ment fera final. Le gouverneur, eft autorifé à nommer et démettre l'orateur du dit confeil. Les membres du confeil legiflatif ne peuvent être élus membres de l'affemblée provinciale. Le temps et le lieu des féances du Confeil Légiflatif peuvent être fixés par le gouver- neur. Le confeil légiflatif doit être convoqué une fois l'année. Le

Maitre en Chancellerie du conseil legiflatif apporte leurs meffages à la chambre et les délivre à la table, il eft introduit auffitot qu'il eft annoncé par le fergent d'armes. Si les confeillers légiflatifs defirent entendre les débats de la chambre ils peuvent avoir des fieges hors de la barre, fujets à fe retirer quand on vuidera la chambre. Le confeil légiflatif ne doit rien changer aux bills d'aides et fubfides. Il peut dans les bills introduire des peines pécuniaires. On procede dans la chambre fur les bills venant du confeil legislatif comme fur ceux de la chambre même. On ne peut nommer un membre du confeil legiflatif pour être officier rapporteur.

Journal de la Chambre 1803. P. 295

du Confeil Légiflatif 3.

ib. 4.

des aides et Subfides 2.

des bills publics 10.

St. 40. G. III. C. I. S. 2.

CORNWALLIS. Ce comté comprend toute cette partie de la province fur le coté fud du fleuve St. Laurent entre le comté de Gafpé et une ligne courant fud-eft de l'angle occidental d'une étendue de terre communement appellée la feigneurie de Mr. Lauchlin Smith, ou Ste. Anne, enfemble avec les

Proclamation du 7 Mai 1792.

îſles de St. Barnabé et du Bic et toutes les autres iſles dans le dit fleuve les plus voiſines du dit comté et lui faiſant face en tout ou en par-

tie. Ce comté a le droit de choiſir deux membres pour l'aſſemblée. L'election doit s'en faire dans la paroiſſe de Kamouraſka.

CORRUPTION. Toute perſonne qui par elle même ou par tout autre emploira ou fera employer quelque moyen de corruption pour obtenir ou empêcher des votes aux elections fera ſujette à £50. d'amende.

CURES PROTESTANTES a ériger et fonder dans le Bas Canada par ſa Majeſté, ſujettes à la juriſdic-

tion ſpirituelle et ecclefiaſtique qu'il plaira à ſa Majeſté de nommer

et auſſi ſujettes aux changements

que la legiſlation pourroit y faire ; mais qui ne peuvent avoir force de loix qu'après qu'ils auront été tranſmis au parlement de la Grande Bretagne pour recevoir la ſanction royale.

DEBATS. Il eſt evident par la

nature même et l'effence du mot Lex parliam. P. 2. PARLEMENT que chacun de fes membres doit parler librement fur ce qui concerne le bien public ; auffi la liberté des débats eft-elle con- ftamment reclamée par l'orateur de la chambre, à l'ouverture de chaque nouveau parlement, et on y perfifte comme dans une chofe de droit. ib. p. 197. On ne peut être pourfuivi à ce fu- jet ailleurs qu'au parlement. Tout ib. p, 271. ce qui fe dit à la chambre eft fujet à Regles. fa cenfure. Les appels de la deci- des membres fion de l'orateur à la chambre fe 5. decident fans débats.

DEVON. Ce comté comprend Proclamation du 7 Mai. 1792. toute cette partie de la province fur le coté fud du fleuve St. Laurent entre le coté occidental du comté de Cornwallis et une ligne paralele à icelui courant de l'angle occiden- tal d'une étendue de terre commu- nement appellée la feigneurie de la riviere du fud, enfemble avec tou- tes les ifles dans le dit fleuve les plus voifines du dit comté et lui fai- fant face. Ce comté a le droit de St. 31, G. III, C., S. 9. choifir deux membres pour l'affem-

blée dont l'election doit ſe faire
dans la paroiſſe de l'Iſlet Bon Secours.

DISCOURS. Quoi que la liber-
Lex parliam,
p. 137.
té des diſcours ſoit un privilege in-
conteſtable de la chambre, cependant tout ce qui s'y dit eſt ſujet à la
cenſure de la chambre, et quand il y
a des raiſons, les coupables ſont ſe-
verement punis, ſoit en les appel-
lant à la barre pour demander ex-
çuſe, ſoit en les empriſonnant, ſoit
en les expulſant de la chambre, ſoit
enfin en les déclarant incapables
d'être membres à l'avenir. L'ora-
ib. 274 et
275.
teur peut, à l'occaſion des diſcours
impertinents et ennuyants, appeller
à l'ordre et même arrêter les membres. Quand on excepte à quelque
choſe qu'auroit dit un membre, il
a le droit d'être entendu en expli-
ib. p. 286.
cation ; ſi la chambre n'eſt pas ſatis-
faite et qu'il s'eleve un débat, il
doit ſe retirer. Les membres ne
doivent parler qu'avec reſpect du
des membres
6.
roi et de la famille royale ainſi que
de la perſonne qui a l'adminiſtration
du gouvernement de la province:
ils ne doivent point faire uſage de

propos indecents ou impropres contre les procedés de la chambre, ou contre quelque membre en particulier, ils ne doivent parler que de la chofe en queftion.

DISSOLUTION du parlément. St. 31. G. III. Le gouverneur peut diffoudre le C. 31. S. 27. parlement.

DIVISION DE LA CHAMBRE. Quand un objet quelconque eft debattu et que quelqu'un demande que la chambre fe divife, alors l'orateur dit que ceux qui font pour l'affirmative paffent à la droite et ceux pour la negative à la gauche ; ce qui étant fait, le greffier compte ceux qui font pour et contre et annonce le réfultat. S'il y a erreur, on la rectifie immédiatement. *Regles.* Si dans le moment fix membres fe de la division levent et demandent que les noms de la chambre foient pris le greffier doit entrer fur 1. les regiftres les noms de ceux qui ont voté pour et contre. Quand la de l'orateur chambre eft divifée également, l'o- 2. rateur vote.

DIVISION DE LA PRO- Proclamation VINCE EN HAUT ET EN du 18 Nov. 1791.

BAS CANADA· La féparation commence à une borne en pierre fur le bord nord du lac St. François a la baie oueft de la pointe au Bodet dans la limite entre la jurifdiction ou Townfhip de Lancafter en la feigneurie de la nouvelle Longueüil, courant le long de la dite limite dans la direction de nord trente quatre dégrés oueft jufqu'à l'angle le plus oueft de la dite feigneurie de la nouvelle Longueuil, de là le long de la borne nord oueft de la feigneurie de Vaudreuil courant nord vingt cinq degrés eft, jufqu'à ce qu'elle tombe fur la riviere des Ottawas pour monter la dite riviere jufqu'au lac Tomifcanning, et du haut du dit lac par une ligne tirée vrai nord jufqu'à ce qu'elle touche la ligne bornée de la baie d'Hudfon, renfermant tout le territoire à l'oueft et fud de la dite ligne jufqu'à l'étendue la plus reculée du pays communement appellé ou connu fous le nom de Canada.

Proclamation du 7 Mai 1792.

DISTRICTS. La formation des diftricts et comtés dans la province

du Bas Canada étoit deleguée ans
le principe au Gouverneur. d

DIXMES. Tout ce qui pour- St. 31. G. III.
roit-être reglé à cet égard par la lé- C. 31. S. 42.
giflation doit être tranfmis au par-
lement de la Grande Bretagne pour
recevoir la fanction royale, avant
d'avoir force de loix.

DORCHESTER. Ce comté Proclamation
comprend toute cette partie de la 1792.
province fur le coté fud du fleuve
St. Laurent entre le coté occidental du comté d'Herdford et une
ligne parellele à icelui courant de
l'angle occidental de l'étendue de
terre fus-dite, appellée la feigneurie
de Lauzon ou la feigneurie de la
Pointe Levy, enfemble avec toutes
les ifles dans le dit fleuve les plus
voifines du dit comté et faifant face
à icelui en tout ou en partie. Ce St. 40. G. III.
comté a le droit de choifir deux C. 1. S. 9.
membres pour l'affemblée, dont l'é-
lection doit fe faire à la Pointe Levy,
enfuite à St. Jofeph nouvelle
Beauce.

DROIT HEREDITAIRE d'être St. 31. G. III.
fommé au confeil legiflatif du Bas C. 31. S. 6.

D

Canada peut être accordé par ſa Majeſté. Ce droit ſe perd par une abſence de quatre années ou par la preſtation du ſerment de fidélité à un autre Souverain ; ce droit reſte en ſuſpens juſqu'à la mort de la partie et paſſe enſuite à ſon héritier. Tout membre atteint de trahiſon forfait ce droit ainſi que ſa place au conſeil, tant par rapport à lui que par rapport à ſes héritiers.

ib. S. 7.
ib. S. 8.
ib. S. 9.
ib. S. 10.

EFFINGHAM. Ce comté comprend toute cette partie de la province ſur le coté nord des rivieres St. Laurent et Ottawas entre le coté Eſt du comté d'York et une ligne parallele à icelui courant de l'angle ſud Eſt d'une étendue de terre communement appellée la ſeigneurie de Terrebonne, enſemble avec l'Iſle Jeſus et toutes les autres Iſles dans les dites rivieres St. Laurent et Ottawa faiſant face au dit comté en tout ou en partie, excepté l'Iſle de Montréal. Il a le droit de choiſir deux membres pour l'aſſemblée, dont l'election doit ſe faire en la paroiſſe de Ste. Roſe.

Proclamation du 7 Mai 1792.

St. 31. G. III. C. 1. S. 9.

ELECTEURS. Pour voter à
l'election des membres de la chambre d'affemblée il faut être propriétaire dans le comté, où fe fait l'e-
lection, d'une terre ou terrein tenu
en franc-alleu, fief, ou roture, de la
valeur annuelle et nette de qua-
rante chellins fterling au moins, et
fi c'eft dans une ville ou bourg, il
faut y être propriétaire de maifon
ou emplacement de la valeur annuelle de cinq livres fterling au moins,
ou y avoir été domicilié pendant un
an, avant la date du writ d'election,
et avoir payé de bonne foi une année de loyer d'aumoins dix livres
fterling. Les electeurs doivent a-
voir vingt et un ans accomplis, être
fujets naturels, ou naturalifés par
acte du parlement, ou être devenus
tels par droit de conquête. Les
membres du confeil légiflatif, les
prêtres, miniftres ne peuvent voter
aux elections. Les traitres et felons duement atteints et convaincus
dans les cours de Juftice de fa Majefté ne peuvent ni voter ni être
elus. .Si trois electeurs prefents à

St. 40. G. III.
C. 31. S. 20.

ib. S. 22.

St. 31. G. III.
C. 31. S. 21.

ib. S. 23.

St. 40. G. III.
C. 1. S. 10.

une election demandent le poll, l'officier rapporteur doit acquiescer à leur demande. Tout electeur

b. S. 11.

prefent à une election peut fe declarer repréfentant un candidat abfent, fans pouvoir fpécial pour cela.

ib. S. 24.

Les electeurs, s'ils en font requis, doivent affirmer qu'ils font duement

ib. S. 16.

qualifiés. Ceux qui refuferont de le faire ne feront pas admis à voter. Ceux qui fe parjureront en le pretant, ainfi que ceux qui feront caufe du parjure, feront fujets aux peines portées par les loix de ce pays contre les parjures volontaires et fubornés. Toute perfonne qui par

ib. S. 17.

elle même, ou par tout autre, emploira, ou fera employer, quelque moyen de corruption pour obtenir, ou empêcher des votes aux elections, fera fujette à £50 d'amende.

St. 31. G. III.
C. 31. S. 20.

ELECTIONS. Les elections des membres de la Chambre d'Affemblée doivent être faites par la majorité des voix des propriétaires de terres, dans les comtés où elles font tenues, en franc-alleu, en fief ou roture de la valeur annuelle et nette de 40s. sterling au moins, et dans les villes par les propriétaires de maison ou emplacement de la valeur annuelle de cinq livres sterling au moins, ou par les domiciliés d'un an, avant la date du writ d'election, et qui auroient de bonne foi payé une année de loyer d'aumoins dix livres sterling. Il faut avoir 21 ans accomplis, être sujets naturels, ou naturalisés par acte du parlement, ou devenus tels par droit de conquête. Les traitres et felons duement atteints et convaincus dans les cours de Justice ne peuvent ni voter ni être élus aux elections. Si quelque candidat l'exige, les electeurs sont tenus d'affirmer qu'ils sont duement qualifiés. Quiconque veut contester l election d'un membre de la Chambre doit le faire dans les quatorze jours après le rapport ou retour. La plainte sera entendue à la barre de la Chambre, par la Chambre ou par un comité de toute la Chambre, amoins qu'elle ne soit referée à un comité spécial. Les requêtes contre les elections expli-

ib. 22.

ib. 23.

ib. 24.

Regles
des Elections
1.

ib. 2.

ib. 3.

queront clairement et precifement
les caufes de la plainte, foit contre
les membres, fiegeant, les sheriffs
ou officiers rapporteurs. Si les objections portent contre les votes qui
auront été donnés au Poll, les fuppliants, ou leurs agents, remettront
aux membres fiegeant, ou à leurs
agents, dans un temps raifonnable
et determiné, une lifte des perfonnes aux quelles ils objectent, ainfi
que le fondement de leurs objections, à la fuite des noms des voteurs
ainfi objectés, et les membres inte-
reffés, ou leurs agents, fourniront de
femblables liftes aux fuppliants ou à
leurs agents. Il ne fera admis aucun
témoignage *ex parte*, ni par écrit,
fi on peut fe procurer la perfonne. Quand les temoins auront été
queftionnés et transqueftionnés par
les parties, tout membre pourra pro-
pofer des queftions par écrit à l'o-
rateur qui les foumettra au témoin,
s'il les trouve pertinentes. S'il fur-
vient quelque debat fur les questions, ou fur quelque objet concernant une election conteftée, les par-

ties et leurs avocats fe retireront jufqu'à ce que l'orateur les faffe rap-
peller pour les informer de la decifion de la Chambre. Les parties ib. S. 13.
intereffées doivent remettre au
greffier dans un temps raifonnable,
avant le jour fixé pour entendre le
mérite, une lifte des témoins et pieces qu'elles jugeront a propos de
produire, et l'orateur emanera fon
warrant pour faire venir les témoins et produire les pieces. Qui- 1. S. 14.
conque n'obeira pas à ce warrant b
fera confideré coupable de mepris
envers la Chambre et mis fous la
garde du fergent d'armes. Les
comités, aux quels feront referés les ib. S. 15.
conteftes d'elections, fuivront les
regles adoptées par la Chambre, autant que faire fe pourra, et ils feront rapport tant du témoignage
que du merite, et de leurs refolutions en conféquence. Si quelqu' ib. S. 16.
une des parties, ou fon avocat, ou
témoin, parle indecemment de quelque membre de la Chambre, ou
de fes regles, il pourra être appellé à l'ordre par tout membre qui

fe levant à fa place reclamera le privilege. Quand à la maniere de proceder aux elections voyez OF-FICIERS RAPPORTEURS à la lettre O.

ETRANGERS. Les etrangers admis à la Chambre, durant les feances, qui feront du bruit ou fe conduiront irregulierement, feront commis à la garde du fergent d'armes, pour fubir le jugement de la Chambre.

Chaque membre prefent à la Chambre a le privilege d'accorder un billet à une perfonne pour refter dans le bas de la chambre, mais fans fiege.

GOUVERNEUR. Le Gouverneur, Lieutenant Gouverneur ou la perfonne ayant l'adminiftration du gouvernement de la province du Bas Canada eft autorifé à approuver au nom de fa Majefté, les loix faites par le Confeil Legiflatif et l'Affemblée pour la tranquillité, le bonheur et bon gouvernement de la province. Il eft également auto-

rifé à fommer au moins quinze perfonnes fages et convenables pour le

Conseil Législatif. Il doit referer ib. s, 11.
au dit Conseil. Legislatif toutes les
questions qui peuvent survenir sur
le droit d'être sommé au dit Conseil. Il peut en nommer et démettre l'orateur. Il peut convoquer ib. s. 12.
de temps à autre, suivant que l'occa-
sion l'exigera, une assemblée [pro- ib. s. 13.
vinciale, mais il doit le faire aumoins ib. s. 27,
une fois l'an. Il a le pouvoir de la
proroger ou de la dissoudre. Il est
autorisé à donner ou retenir la sanction royale aux bills, suivant sa dis-
cretion, mais sujette aux conditions
contenues dans l'acte de creation
du parlement provincial, et aux instructions qui lui pourront être
données de temps à autre par sa
Majeste, ou à les reserver jusqu'à
ce que le bon plaisir de sa Majesté
soit connu. Il doit transmettre co- ib. s. 31.
pies des bills au sécretaire d'état de
de S. M. qui aura deux ans pour
signifier son desaveu. Il doit sig- ib. s. 32.
nifier au conseil et à l'assemblée
l'approbation royale donnée aux
bills reservés à sa Majesté. Il doit
transmettre au Parlement de la ib. s. 42.

Grande Bretagne les bills qui touchent en quelque chofe que fe foit
le culte religieux, fes miniftres, ou
leurs droits, avant de recevoir la
fanction royale.

Regles.
des membres
10.

GALLERIES. Sous ce terme
fe trouvent compris les lieux où on
admet les etrangers qui defirent entendre les debats de la chambre.
Tout membre a le droit de demander que les galeries foient vuidées,
et fur l'ordre de Mr. l'Orateur au
fergent d'armes de faire vuider les
galeries, tous les étrangers doivent
fortir.

Proclamation
du 7 Mai.
1792.
St. 40. G. III.
C. I. S. 9.

GASPE'. Ce comté comprend
toute cette partie de la province fur
le côté fud du fleuve St. Laurent
actuellement appellé le diftrict de
Gafpé, tel qu'il eft defigné dans la
proclamation du 24 Juillet 1788.
Il a le droit de choifir un membre
pour l'Affemblée, dont l'election
doit fe faire premierement à Gafpé

St. 42. G. III.
C. 3.

enfuite à Carlifle. Le retour peut
s'etendre jufqu'à cent jour à
compter de la date du writ d'elec-
çion.

GREFFIER DE LA CHAM- Regles.
BRE D'ASSEMBLE'E. Auffitôt des minutes
I.
que l'orateur a pris la chair le greffier doit lire les entrées faites dans
fes regiftres le jour auparavant, afin
que s'il fe trouve des erreurs elles
foient corrigées.   Lorfque fix mem- de la divifion
bres requierent fur une divifion de de la chambre
2.
la chambre que les noms foient pris,
le greffier doit entrer fur les regiftres les noms de ceux qui ont voté
pour et contre.   Il doit tenir le du Journal
I.
journal de la chambre fur deux regiftres, dans l'un des quels il entre
tous les procedés de la chambre et
les rapports de comités en François,
et dans l'autre les mêmes chofes en
Anglois.   Il doit, ou fon deputé, des motions
3.
lire dans la langue qui n'eft pas fa-
milière à l'orateur, les motions qui
font prefentées.   Quandun bill eft lu des bills publics.   7.
dans la chambre, le greffier doit en
certifier la lecture au dos du bill et le
temps qu'elle a été faite. Le greffier, ib- 3.
ou fes affiftants, doivent traduire les
bills François dans la langue Angloife et les bills Anglois dans la
langue Françoife.   Le greffier doit ib. 8.

lire en François et en Anglois les bills referés aux comités de toute la chambre. Quand un bill eft paffé dans la chambre, le greffier doit le certifier et en noter la date au bas d'icelui.

ib. 9.

HAMPSHIRE. Ce comté comprend toute cette partie de la Province fur le côté nord du fleuve St. Laurent entre le coté Eft du comté St. Maurice et une ligne parallele à icelui courant de l'angle fud oueft d'une étendue de terre communement appellée la Seigneurie de St. Gabriel, enfemble avec toutes les ifles dans le dit fleuve les plus près du dit comté et lui faifant face en tout ou en partie ; il a le droit de chofir deux membres pour l'affemblée, dont l'election doit fe faire d'abord en la paroiffe de Dechambault et enfuite en celle de la Pointe aux Trembles.

Proclamation du 7 Mai, 1792.

St. 40. G. III. C. I. S. 9.

HERTFORD. Ce comté comprend toute cette partie de la province fur le côté fud du fleuve St. Laurent entre le cofé occidental du comté de Devon et une ligne paral-

Proclamation du 7 Mai, 1792.

lelle à icelui courant de l'angle nord
Eſt d'une étendue de terre com-
munément appellée la feigneurie
de Lauzon ou Pointe Levy enfemble avec toutes les ifles dans le dit
fleuve les plus voifines du dit comté
et lui faifant face en tout ou en partie. Il a le droit de choifir deux St. 40. G. III,
C. I. S. 9.
membres pour l'affemblée dont l'e-
lection doit fe faire à St. Va-
lier.

HUISSIER DE LA VERGE Regles.
du quorum
NOIRE eſt un officier du Confeil 4.
Legiflatif qui vient annoncer les
meffages ; quand il eſt à la porte de
la chambre d'affemblée Mr. l'Orateur doit prendre la chair quelque
foit le nombre des membres prefents.

HUNTINGDON ce comté Proclamation
du 7 Mai
comprend tout le reſte de la pro- 1792.
vince fur le coté fud du fleuve St.
Laurent enfemble avec toutes les
ifles dans le dit fleuve et la riviere
Sorel autrement appellée Richelieu
ou Chambly les plus voifines du dit
comté. Il a le droit de choifir St. 40. G. III.
C. I. S. 9.
deux membres pour l'affemblée

E

dont l'election fe fera d'abord à St.
Philippe enfuite à Chateaugay.

HUSTINGS n'eft autre chofe
dans ce pays qu'un petit batiment
en bois fur le quel font placés l'officier rapporteur, les candidats et les
écrivains lorfque l'election fe fait,
furtout lorfque le Poll eft demandé.

St. 43. G. III.
C. 5. S. 2.

Or comme l'erection de ce batiment coute quelque chofe il eft
reglé que les frais en feront fuppor-
tés par les candidats qui l'auront
demandé.

St. 40. G. III.
C. 1. S. 14.

INDENTURE eft un acte paffé
entre l'officier rapporteur et la ou
les perfonnes élues, en préfence au
moins de trois electeurs et fous leur
feings et fceaux refpectifs dont une
expedition fera remife à l'inftant à
chaque partie élue ou à fon reprefentant et l'autre fera annexée au
writ d'election pour être tranfmife
au greffier de la Couronne en
Chancellerie.

St. 31. G. III.
C. 31. S. 30.

INSTRUCTIONS. Le Gou-
verneur doit d'après les inftructions
qu'il tient de fa Majefté, donner
ou retenir la fanction royale aux

bills, ou les referver jufqu'à ce le bon plaifir de S. M. foit connu, il a pareillement des inftructions au voyez idem S. 35. 36. 37 fujet de l'établiffement d'un clergé proteftant dans ce pays.

JOURNAL DE LA CHAMBRE D'ASSEMBLE'E. On doit inferer dans le journal, l'heure à laquelle la chambre s'eft ajournée faute de quorum, ainfi que les noms des membres prefents alors. auffi-tôt que l'orateur aura pris fa place, le journal des entrées du jour precedent fera lu. Le journal doit être tenu fur deux regiftres un en François et l'autre en Anglois, dans chacun des quels feront entrés, en François dans le regiftre François et en Anglois dans le regiftre Anglois, les rapports des comités generaux ou fpeciaux, les adreffes, et les meffages ainfi que les tranfactions ou deliberations de lachambre.

Regles. desaffemblées et ajournements de la chambre 3.

des minutes I.

du Journal II.

KENT. Ce comté comprend toute cette partie de la province fur le coté fud-Eft du fleuve St. Laurent entre cette riviere et la riviere Sorel dit Richelieu ou Chambly et

Proclamation du 7 Mai, 1792.

E 2

entre le coté occidental d'une étendue de terre communement appellée la Baronie de Longueüil, enfemble avec toutes les Ifles dans le
dit fleuve St. Laurent les plus voifines du dit comté, et lui faifant
face en tout ou en partie et auffi
Stt 40. G. III. avec toutes les Ifles dans la dite
C. I. S. 9. riviere Sorel, Richelieu ou Chambly les plus voifines du dit comté et
de ce coté vis-à-vis d'icelui en tout
ou en partie. Il a le droit de chœi-
fir deux membres pour l'affemblée
dont l'election fe fera à Longueuil.

LANGUE ANGLOISE ET FRANCOISE.

Regles du Journal 1. Ces deux langues
étant en ufage dans ce pays, la
chambre a bien vû la neceffité de
les conferver toutes deux, en conféquence elle a reglé que fon Jour-
ib. 2. nal feroit tenu fur deux regiftres
dans l'un des quels les procedés de
la chambre et les motions feroient
écrit en langue Françoife et dans
l'autre en langue Angloife, de
même que les rapports des comités
generaux et fpeciaux, adreffes, meffages et autres deliberations ou

tranfactions de la chambre. Les
motions doivent être lues dans les ib. 3.
deux langues par l'orateur avant
d'être debattues, s'il poffede ces
deux langues, fi non le greffier ou
fon deputé les lira dans la langue
qui n'eft pas familiere à l'orateur.
Les bills relatifs aux loix criminelles des bills pub-
d'Angleterre en force en ce pays lics 2.
ainfi qu'aux droits du clergé protes-
tant feront introduits dans la langue
Angloife et ceux qui concernent les
loix, coutumes, ufages et droits civils de cette province feront introduits dans la langue Françoife. Ceux ib. 3.
introduits dans la langue Françoife
feront traduits en Anglois et ceux
introduits dans la langue Angloife
feront mis en François par le greffier ou fes affiftants d'après l'ordre
qu'il en recevra et avant qu'ils puif-
fent être lus pour la premiere fois ;
après qu'ils auront été ainfi traduits
il feront toujours lus dans les deux
langues ; bien entendu pourtant
que chaque membre a le droit d'ap-
porter un bill dans fa propre langue ;
mais après qu'il fera traduit il fera

confidéré être dans la langue de la loi à laquelle le dit bill aura rapport.

LECTURES. Tout bills avant d'être lus pour la première fois doivent être mis dans les langues Françoife et Angloife. Aucun bill ne fera remis à un comité, ni amendé amoins qu'il n'ait été lu deux fois. Tout bill recevra trois différentes lectures, chacune à trois differents jours, avant qu'il foit paffé, excepté dans des cas urgents et extraordinaires où il pourra être lu deux ou trois fois dans un jour. Quand un bill eft lu dans la chambre le greffier doit en certifier la lecture, et le temps au dos d'icelui. Les bills referés à des comités de toute la chambre doivent être premierement lus en François et en Anglois par le greffier, puis par le préfident et enfuite debattus claufe par claufe. Tous papiers mis devant la chambre ou referés à des comités doivent être de droit lus une fois par le préfident à la table ou par le greffier, mais une fois lus il faut une motion pour les faire re-

lire de nouveau et s'il y a objection
on prendra le sens de la chambre
ou du comité. Chaque membre a
le droit de demander que la propo-
sition ou motion en debat soit lue,
mais non pas de maniere à interrompre un membre qui parleroit.

LEINSTER. Ce comté com- *Proclamation*
prend toute cette partie de la pro- du 7 Mai,
vince sur le coté nord des rivieres 1792.
St. Laurent et Ottawa entre le coté Est du comté d'Effingham et une
ligne courant nord-ouest de l'angle
sud ouest d'une étendue de terre
communement appellée la seigneurie de St. Sulpice ensemble avec
toutes les isles dans les dites rivieres
St. Laurent et Ottawa les plus
voisines du dit comté et lui faisant
face en tout ou en partie. Ce com- St. 40. G. III.
té a le droit de choisir deux mem- C. I. S. 9.
bres pour l'assemblée dont l'election
doit se faire en la paroisse de l'As-
somption.

LETTRES PATENTES. *Regles.*
Quand un bill sera apporté à la des bills pri-
chambre pour confirmer des lettres vés 6.
patentes, une copie des dites lettres
doit être annexée au bill.

St. 31. G. III.
C. 31. S. 2
LOIX. Sa Majefté eft autorifée a faire par et de l'avis du confeil legiflatif et de l'affemblée du Bas Canada des loix pour la tranquillité, le bonheur et bon gouvernement de la province, les dites loix fujettes à la fanction du gouverneur et pourvû quelles ne repugnent pas à l'acte conftitutionel.

ib. S. 33.
Les loix en force dans la province lors de l'etabliffement du parlement provincial font continuées telles qu'elles étoient, fujettes aux changements que la legiflation jugera a-propos de leur faire. Les bills re-
Regles.
des bills pub-
lics 2.
latifs aux loix criminelles d'Angleterre en force en ce pays, ainfi que ceux relatifs aux droits du clergé proteftant doivent être introduits dans la langue Angloife et ceux relatifs aux loix, coutumes, ufages, et droits civils de cette province
ib. 3.
dans la langue Françoife. Le texte fera confidéré être dans la langue de la loi auquel le dit bill aura rapport. Les loix pour être parfaites doivent avoir la concurrence des deux chambres et la fanction du gouverneur.

MAITRES DE POSTE. Ils ne peuvent être officiers rapporteurs.

st. 40. G. III.
C. 1. S. 2.

MEDECINS ils ne peuvent être officiers rapporteurs.

ib.

MEMBRES DE LA CHAMBRE D'ASSEMBLE'E, ils representent le corps entier de la communauté. Leur nombre ne fera pas moins de cinquante. Ils font choifis en campagne par les propriétaires de terre en franc alleu, fief ou roture de la valeur annuelle et nette de 40s. et dans les villes par les propriétaires de biens fonds de la valeur annuelle de £5 fterling et par les locataires qui ont payé pendant un an un loyer de £10 fterling. Les membres du confeil légiflatif, les miniftres, prêtres, ecclefiaftiques ou precepteurs de l'eglife Anglicanne, Romaine ou de toute autre religion ne peuvent être élus membres de l'affemblée. Les feules qualifications exigées des membres de la chambre d'affemblée du Bas Canada font qu'ils ayent 21 ans accomplis, qu'ils foient fujets naturels ou naturalifés par acte du

Le parl. am.
p. 3.

St. 31. G. III.
C. 31. S. 17.
ib. S. 20.

ib. S. 21.

ib. S. 22.

parlement, ou devenus tels par
droit de conquête. Ils font élus
pour quatre ans et doivent être con-
voqués au moins une fois l'an.
Toutes les queftions fons decidées
dans la chambre par la majorité des
voix des membres prefents alors.
Les membres avant de fieger ou de
voter dans l'affembléé doivent preter
le ferment de fidelité mentionné
dans l'article 29 du Statut de la 31
de G. III. ch. 31. Les regles que
les membres doivent óbferver dans
la chambre pour en preferver l'ordre et le decorum font, quand la
chambre s'ajourne les membres
doivent refter à leurs places refpec-
tives jufqu'à ce que l'orateur quitte
la chair. Quinze membres, l'orateur
compris, forment le quorum et
peuvent proceder aux affaires.
Tout membre avant de parler doit
fe lever tête nue et s'adreffer à l'o-
rateur. Quand plufieurs membres
fe levent en même temps pour parler, l'orateur nommera celui qui
parlera le premier, mais les autres
peuvent appeller à la chambre de

la decifion de l'orateur, s'ils n'en
font pas contents. Tout membre ib, 3,
prefent quand on pofe une queftion pour une divifion de la chambre doit voter pour ou contre, à
moins que la chambre ne l'excufe
ou qu'il ne foit intereffé dans la
queftion. Lorfque l'orateur pofe ib. 4.
une queftion aucun membre ne
doit fortir ou traverfer la chambre.
Quand un membre parle, on ne
doit tenir aucun propos pour l'interrompre, excepté pour l'appeller
à l'ordre, et perfonne ne doit paffer entre lui et la chair. Un mem- ib. 5.
bre appellé à l'ordre doit s'affoir,
amoins qu'il ne lui foit permis de
s'expliquer, s'il appelle à la chambre, le cas fera décidé fans débat.
Les membres ne doivent parler qu'- ib. 6.
avec refpect du Roi et des membres
de la famille royale ainfi que de la
perfonne qui aura l'adminiftration
du gouvernement de cette province,
ils ne doivent point faire ufage de
propos indecents ou impropres contre les procedés de la chambre ou
contre quelque membre en particu-

lier, ils ne doivent parler que de la chofe en queſtion. Chaque membre a le droit de demander que la propoſition ou motion ſoit lue, lors du débat, mais non pas de maniere à interrompre un membre qui parleroit. Aucun membre ne parlera plus d'une fois ſur une même queſtion dans la chambre, ſans ſa permiſſion, excepté pour s'expliquer, mais ſans pouvoir introduire une nouvelle matiere. Tout membre peut demander que les etrangers vuident la chambre et l'orateur doit auſſitôt ordonner au ſergent d'armes de faire executer cet ordre, ſans debat. Il eſt recommandé aux membres qui veulent ſortir pendant la ſeanc e de dire au ſergent d'armes l'endroit où on pourra les trouver en cas de beſoin. Aucun membre ne pourra pendant une ſeſſion s'abſenter plus d'une ſeance à la fois, ſans une permiſſion expreſſe de la chambre. Chaque membre preſent à la chambre peut donner un billet à qui bon lui ſemble pour reſter dans le bas de la chambre, mais

fans fiege. Les membres dont les
les elections font conteftées ont
droit d'avoir une lifte des perfonnes
contre les votes des qu'elles on ob-
jecte et des raifons d'objections, et
ils doivent en fournir une pareille
à la partie adverfe. Les membres
dont on fe plaint pourront être entendus à leurs places tant fur le mérite que fur le témoignage, mais ils
doivent fe retirer avant que la queftion foit mife. Quand les témoins
au foutien des requêtes ont été
queftionnés et tranfqueftionnés par
les parties, tout membre peut fou-
mettre à l'orateur des queftions par
écrit, que celui ci met au témoin
amoins qu'il ne les juge pas convenables, dont cependant le membre
peut appeller à la chambre. Si
quelques parties, ou leurs avocats ou
leurs temoins parloient indecemment de quelque membre ou des
regles de la chambre ils pourroient
être appellés à l'ordre par tout
membre qui, fe levant à fa place,
reclamera le privilege. Six membres de la chambre requerant, fur

une divifion, que les noms foient pris, le gréffier doit faire l'entrée fur les regiftres des noms de ceux qui ont voté pour et contre. Les membres qui prefentent des requêtes, mémoires et autres papiers à la chambre font refponfables qu'ils ne contiennent rien d'impropre ou d'indecent.

des enquêtes 1.

MEPRIS. Quiconque refufe d'obeir aux warrants de l'orateur eft confidéré coupable de mepris envers la chambre, et fujet à être arrêté par le fergent d'armes.

Regles des Elections 14.

MESSAGES. Les regles adoptées en 1792 au fujet des meffages envoyés au confeil legiflatif furent changées en 1803, et il fut refolu alors que le maitre en chancellerie du confeil legiflatif feroit reçu en qualité de leur meffager, à la table du greffier, les membres affis, où il delivreroit les meffages du confeil legiflatif, et que les meffages de cette chambre feroient portés par un feul membre de cette chambre au confeil legiflatif, lequel eft reçu à la barre où Mr. l'orateur

Journal de la chambre de 1803. P. 295

fe rend, les membres affis. On fuit *Regles.*
pour nommer les meffagers la même des meffages
methode que pour nommer les I.
membres d'un comité. Celui qui
a fait la motion pour le meffage a
le droit d'en être, et celui qui a été
contre ne peut être nommé.

MINISTRES. Les miniftres de St. 31' G. III'
l'eglife Anglicanne, ou de toute au- C. 31. S. 21'
tre, ne peuvent être élus membres
de l'affemblée provinciale.

MONTREAL. Le comté de Proclamation
Montreal comprend l'Ifle de Mon- du 7 Mai
treal ainfi que tout ce qui compofe 1792.
la cité et ville de Montreal. Il a le St. 40. G. III.
droit de choifir deux membres pour C. 1. s. 9.
l'affemblée dont l'élection doit fe
faire en la paroiffe St. Laurent.

La cité ou ville de Montreal eft Proclamation
divifée en deux parties dont une eft du 7 Mai
appellé le quartier Eft et l'autre le 1792.
quartier Oueft, chacun des quels
quartiers a le droit de nommer deux
membres pour l'affemblée.

MOTION. Une motion n'eft *Regles.*
autre chofe qu'une propofition par des motions
écrit qu'un membre remet à l'ora- 2.
teur pour être foumife à la chambre;

mais l'orateur ne la foumet pas a-
moins qu'elle ne foit fecondée par
un autre membre ; elle ne doit être
debattue qu'après qu'elle a été lue
dans les deux langues. Une fois
lue par l'orateur elle eſt cenſée dans
la poſſeſſion de la chambre, elle
pourra cependant être retirée avec
la permiſſion de la chambre avant
d'être decidée ou amendée. Quand
une queſtion eſt agitée aucune motion ne doit être reçue amoins que
ce ne foit pour l'amender, la com-
mettre à un comité, l'ajourner, ou
pour la queſtion prealable, ou pour
ajourner la chambre. La queſtion
prealable exclut de tout amendement ou debat fur la motion principale. On ne peut propoſer aucun amendement fur la queſtion
principale juſqu'à ce que la motion
de reference à un comité foit déci-
dée. Toutes les queſtions foit en
comité foit dans la chambre feront
mifes fuivant l'ordre qu'elles auront
été propoſées. Une motion avec
un preambule ne fera pas admiſe.
Toute motion faite dans la chambre

ib. 3.
ib. 4.
ib. 5.
ib. 6.
ib. 7.
ib. 8.
ib. 9.

pour aide, subside, impot ou charge des aides et subsides 1
sur le peuple sera ajournée à tel
jour que la chambre fixera pour
être discutée dans un comité general, dont le rapport sera fait avant
qu'il soit passé aucune resolution
ou vote sur l'objet en question dans des ordres du jour 1.
la chambre. L'ordre du jour a la
preference sur toute motion devant
la chambre.

NORTHUMBERLAND. Ce Proclamation du 7 Mai, 1792.
comté comprend tout le reste de la
province au coté nord du fleuve St.
Laurent et sur le coté Est du comté
de Quebec, avec l'Isle aux Coudres
et les autres Isles dans le dit fleuve
les plus voisines du dit comté et lui
faisant face en tout ou en partie,
excepté l'Isle d'Orleans. Il a le
droit de choisir deux membres pour St. 40. G. III. C. I. S. 9.
l'assemblée dont l'election se fera en
la paroisse Ste. Anne ensuite en
celle de St. Pierre de la baie St.
Paul.

OFFICIERS RAPPORTEURS
Sont des personnes nommées pour
presider aux elections. C'est le St. 40. G. III. C. I. S. 1.
Gouverneur de la province qui les

F 3

nommé. Elles ne font point tenues de remplir cette charge plus d'une fois. Quiconque refuſe d'en faire le devoir lorſqu'il eſt nommé pour la premiere fois eſt ſujet à une a-mende de £25 courant. Les per-perſonnes exemptes de cette charge ſont les membres du conſeil legiſla-tif, de la chambre d'aſſemblée et de tout ordre religieux, les mede-cins, chirurgiens, meuniers et mai-tres de poſte, ainſi que ceux qui ont atteint ſoixante ans ou plus. Les officiers rapporteurs doivent être domiciliés et qualifiés comme les electeurs des comtés, cités ou bourgs pour les quels ils ſont nom-més. Un officier rapporteur peut être élu pour repréſenter un autre endroit que celui où il eſt officier rapporteur. Il doit prêter ſerment devant un magiſtrat qu'il n'a pas été ſuborné par qui que ce ſoit et qu'il procedera ſans partialité &ca. Il eſt autoriſé a appointer un clerc pour l'aſſiſter au poll, au quel il fera prêter ſerment d'agir auſſi ſans par-tialité. Chaque officier rapporteur,

ib. S. 2.

ib. S. 3.

ib. S. 4.

ib. S. 6.

ib. S. 7.

ib. S. 8.

à la reception du writ qui lui eft a-
dreffé, doit écrire au dos d'icelui le
jour qu'il l'a reçu, et dans les dix
jours fuivants il fera, un dimanche,
à l'iffue du fervice divin, publier et
afficher un avertiffemént à la porte
de chaque eglife ou chapelle dans
chaque paroiffe, cité, ville, bourg
ou comté pour le quel l'election
doit fe faire, qu'elle fe fera à tel lieu
jour et heure qui ne fera pas moins
de huit jours ni plus de quinze a-
vant le premier jour fixé pour la
faire, et lorfqu'il n'y aura pas d'e-
glife ou de chapelle la publication
et l'affiche s'en fera à l'endroit le
plus public du comté ou de la paroiffe fous peine de £ 10. Les officiers rapporteurs font obligés de faire
refpectivement les elections près des
eglifes dans les paroiffes et autres
lieux fixés par l'acte de la 40. G.
III. C. 1. S. 9. et là où il y a deux ib. s. 9.
places defignées pour les elections
ils doivent ouvrir et commencer le
fecond poll le troifiéme jour après
la conclufion du premier, fi toute
fois il y a une communication par

terre entre les deux places d'election. Avant de proceder à l'election l'officier rapporteur fait une proclamation ordonnant le filence pendant la lecture du writ de fommation, enfuite il requiert les electeurs prefents de nommer la ou les perfonnes qu'ils voudront choifir pour leur reprefentant à l'affemblée. Si les candidats ou leurs agents et les electeurs conviennent que telle ou telles perfonnes, fuivant que le cas y echet, eft ou font elues, alors il clot l'election et proclame que telle ou telles perfonnes eft ou font elues membres de l'affemblée ; mais fi quelqu'un des candidats ou leurs agents, ou fi trois electeurs alors prefents ne conviennent pas que l'election doive être clofe fur le champ, et s'ils demandent un poll, l'officier rapporteur, dans ce cas, procedera à recevoir les votes des electeurs et à les entrer dans un livre qu'il tiendra ou fera tenir ; dans le quel livre feront entrés les noms des voteurs, leur qualités, où font fitués leurs biens, pour qui ils votent et les objeƈtions qui leur font faites. Dans les comtés où il y a deux places fixées pour la ténue du Poll, l'officicr rapporteur ne pourra tenir le poll à la premiere place plus de quatre jours, pendant au moins huit heures chaque jour, entre huit heures du matin et fix heures du foir, enfuite il ajournera le poll à la feconde place, fi toute fois il en eſt requis par quelqu'un des candidats ou leurs agents ou par trois eleƈteurs alors prefents. l'Of-ficier rapporteur peut clore en tout ib. S, 11. temps du confentement de tous les candidats ou de leurs agents l'elec-tion tant à la premiere qu'à la fe-conde place, s'il n'a été donné au-cune voix dans l'espace d'une heure auparavant ; tout éleƈteur prefent peut fe declarer réprefentant de quelque candidat abfent fans que pour ce il foit befoin d'un pouvoir fpecial. Le poll doit être tenu foit ib. S. 12. dehors foit dans quelque batiment près de l'eglife paroiffiale dans le comté où fe doit faire l'eleƈtion, pourvû que ce ne foit pas une ta-

verne, ou un cabaret, et que l'accès
en soit libre à tout electeur. L'of-

ib. S. 13.

ficier rapporteur, ou son clerc af-
fiftant, ne pourra refufer le vote
d'aucun electeur amoins que tous
les candidats ou leurs agents ne conviennent qu'il n'eft pas qualifié, et
dans le cas d'objection par un candidat ou son agent au vote d'un
electeur l'officier rapporteur, ou son
clerc, entrera dans le livre du poll,
vis-a-vis le nom de l'electeur, le mot

ib. S. 14.

objecté. Auffitot l'election clofe,
l'officier rapporteur la proclamera à
haute et intelligible voix aux electeurs prefents et fera un *Indenture*
entre lui et la ou les perfonnes
élues, en prefence aumoins de trois
electeurs et fous leurs fignatures et
fceaux refpectifs, dont une expedition fera remife à l'inftant à chaque
partie élue ou à son reprefentant, et
l'autre fera annexée au writ d'élection, ainfi que le ferment de l'officier rapporteur et de son clerc, et le
tout fera transmis au greffier de la
couronne en chancellerie. L'of-

ib. S. 15.

ficier rapporteur s'il en eft requis

par quelqu'un des candidats ou par leur agent fera prêter ferment à tout electeur qui viendra voter, *qu'il a atteint l'age de 21 ans, qu'il n'a pas encore voté à cette election, et qu'il possede un bien dans le comté de la valeur annuelle et nette de 40s.* Quiconque refusera de prêter ce ferment ne Ib. S. 16. sera pas admis à voter. Aucun of- ib. S. 19. ficier rapporteur ne doit prendre partie à l'election qu'il tiendra en favorisant ou influencant ou en faisant favoriser ou influencer pour quelque candidat. Il doit se comporter avec integrité et impartialité, prendre et entrer, ou faire prendre et entrer fidellement les votes des electeurs dans le livre du poll, sous peine de £25 d'amende. Les salaires alloues aux officiers rappor- St. 43. G. III. C. 5. S. 2. teurs sont comme suit.

Pour être present à chaque election £3.

Pour remplir chaque notice, indenture et autres ecritures necessaires 5s.

En outre par chaque lieue pour envoyer apposer les notices dans

chaque paroiſſe tant en allant qu'e
revenant 1s.

Si le poll dure plus d'un jou
l'officier rapporteur aura pour cha
que jour £ 1.

Et ſon clerc par chaque jour 10

Si l'officier rapporteur ne reſid
pas dans l'endroit où ſe tiendra l
poll il lui ſera alloué le prix de l
poſte pour le voyage, ou les frais rai
ſonnables, s'il eſt obligé d'aller pa
eau.

ORATEUR. L'orateur du con
ſeil legiſlatif eſt nommé et dem
par le gouverneur. Celui de l
chambre baſſe eſt nommé par le
membres, mais ſujet à l'approba
tion et confirmation du repreſer
tant de S. M. en cette province
Quant à la maniere de proceder à ſo
election, les excuſes qu'il doit faire
ſa preſentation au Gouverneur, e
les privileges qu'il reclame voye
la traduction de la *Lex Parliamer
taria depuis la page* 252 *juſqu'à* 26(

L'orateur eſt autoriſé à ajourner
trois heures après midi faute d
quorum. Sur l'apparence d'un quo

rum il doit prendre la chair et ap- du quorum 3.
peller les membres à l'ordre. L'o-
rateur prendra toujours la chair
quand l'huiffier de la verge noire ib. 4
fera à la porte, quelque foit le
nombre des membres prefents.
L'orateur eft chargé de faire obfer- de l'orateur 1.
ver l'ordre et le decorum dans la
chambre, il decide toutes les queftions d'ordre, fauf appel à la chambre. Il ne doit prendre aucune part ib. 2.
aux debats ni voter en aucun cas,
fi ce n'eft lorfque la chambre fe
trouve divifée également et alors
il peut donner les raifons de fon
vote. Il doit être debout et decou-
vert lorfqu'il s'adreffe à la chambre.
Quand l'orateur eft requis d'expli- ib. 3.
quer un point d'ordre ou de prati-
que il doit citer la regle qui eft ap-
plicable au cas, mais fans argument
ni commentaire. Quand plufieurs des membres 2.
membres fe levent en même temps
pour parler, l'orateur nomme celui
qui doit parler le premier, fi l'on
n'eft pas fatisfait de fa decifion on
peut appeller à la chambre, en met-
tant la queftion *Qui s'eft levé le*

G

premier. Un membre appellé a l'ordre doit s'affeoir amoins qu'il ne lui foit permis de s'expliquer, s'il en appelle à la chambre le cas fera decidé fans debat et s'il n'y a pas d'appel la decifion de l'orateur fera fuivie· L'orateur doit à la demande de tout membre ordonner au fergent d'armes de faire fortir les étrangers de la chambre. Quand les témoins produits au foutien des requêtes ont été queftionnés et tranfqueftionnés par les parties, fi un membre de la chambre propofe à l'orateur quelques questions par écrit il doit les mettre aux témoins amoins qu'il ne les juge impertinéntes, mais le membre en peut appeller à la chambre. L'orateur eft autorifé démaner fon warrant pour faire venir les témoins et produire les pieces dont les parties intereffées donnent une lifte au greffier. Quand la chambre fe forme en comité l'orateur doit laiffer la chair. Si pendant que la chambre tient, l'orateur eft informé par un membre à fa place, ou fi

pendant les vacances, deux membres fous leurs feings et fceaux l'in-
forment, qu'une place eft vacante
dans la chambre par la mort d'un
membre ou autrement, il en don-
nera avis par warrant au greffier de
la couronne en chancellerie pour
qu'il foit émané un nouveau writ
d'election.

. ORDRE. L'orateur eft fpecialement chargé de faire obferver
l'ordre et le decorum dans la chambre. Tout membre ou toute partie,
ou fon avocat, ou témoin qui parle
indécemment, de quelque membre
ou des regles de la chambre peut
être appellé à l'ordre par un membre quelconque qui, fe levant à fa
place, reclamera le privilege. .

ORDRE DU JOUR, n'eft au-
tre chofe qu'une réfolution de la
chambre qu'un tel jour elle s'occu-
pera de tel objet. Quand ce jour
eft arrivé elle s'occupe de l'objet
en queftion par preference à toute des ordres du
autre chofe ; c'eft pourquoi on dit jour. 1.
que l'ordre du jour a la preférence
fur toute motion devant la cham-

G 2

ib. 2. bre. Un ordre du jour tombé par un ajournement, faute de quorum, eſt la premiere affaire dont la chambre s'occupe à ſa première aſſemblée.

Proclamation du 7 Mai, 1792.

ORLEANS. Ce comté comté comprend l'Iſle d'Orléans ſituée dans le fleuve St. Laurent près

St. 40. G. III. C. I. S. 9. Quebec, il a le droit de choiſir un membre pour l'aſſemblée dont l'election ſe fait en la paroiſſe St. Jean.

St. 40. G. III. C. I. S. 16. **PARJURE.** Quiconque ſe ſera parjuré aux élections, ou aura été cauſe que quelqu'un s'eſt parjuré, encourra les peines portées par les loix de ce pays contre les parjures volontaires ou ſubornés.

PARLEMENT BRITANNIQUE. Comme notre parlement provincial eſt conſtitué à l'inſtar de celui de la Grande Bretagne il étoit juſte que nous l'euſſions pour modele et pour guide dans les cas

des regles de la chambre 2. imprevus par les loix et regles de ce pays, en conſequence il a été réſolu que dans tous les cas imprevus on aura recours aux regles, uſages et formes du parlement et qu'on s'y conformera jufqu'à ce que la chambre juge apropos de faire des regles pour ces cas imprevus.

PARLEMENT PROVINCIAL. Notre parlement provincial eft organifé comme celui de la Grande Bretagne, d'une chambre d'affemblée qui reprefente celle des communes, d'un confeil legiflatif qui reprefente la chambre haute et du Gouverneur qui reprefente fa Majefté. Les loix pour être parfaites dans ce pays, comme en Angleterre, doivent avoir la concurrence de ces trois pouvoirs.

POLL. Demander un poll c'eft exiger que l'on prenne noms par noms, ou têtes par têtes, les votes des electeurs. Tenir le poll c'eft prendre les votes des electeurs noms par noms, ou têtes par têtes. Il eft ordonné que le poll doit être tenu foit dehors ou dans quelque batiment près de l'églife de la paroiffe où doit fe faire l'election, pourvû que ce ne foit pas une taverne ou une auberge et que l'accès en foit

St. 40. G. III.
C. I. S. 2.

libre à tous et chaque electeur. La
où il y a deux places determinées
pour faire l'election, le second poll
ne doit être ouvert et commencé
que le troifieme jour après la conclufion du premier, fi toute fois il
y a une communication par terre
entre les deux places d'election, le
premier poll ne durera pas plus de
quatre jours et fe tiendra au moins
huit heures chaque jour entre huit
heures du matin et fix heures du
foir. L'officier rapporteur ou fon
clerc entrera dans le livre du poll
les noms, furnoms et qualités des
voteurs, dans quel lieu font fitués
leurs biens, pour qui ils votent et les
objections qui pourront leur être
faites. L'officier rapporteur pourra clore le poll à la premiere ou à
la feconde place, du confentement
de tous les candidats ou de leurs
agents, s'il n'a été donné aucun
vote dans l'efpace d'une heure auparavant.

PREAMBULE D'UN BILL.
Le preambule ainfi que le titre d'un
bill font toujours confiderés en der-

nier, la raifon en eft que le bill peut être changé dans la chambre, ou dans le comité, de maniere qu'il lui faut un autre preambule et un autre titre. Là conclufion du pre-ambule doit toujours être " Qu'il " foit donc ftatué par la très Excel-" lence Majefté du Roi par et de " l'avis et confentement du confeil " legiflatif et de l'affemblée de la " province du Bas Canada confti-" tués et affemblés en vertu et fous " l'autorité d'un acte du parlement " de la Grande Bretagne intitulé " *Acte qui rappelle certaines par-* " *ties d'un acte paffé dans la quator-* " *zieme année du regne de fa Ma-* " *jefté intitulé,* " *Acte qui pourvoit* " *plus efficacement pour le gouverne-* " *ment de la province de Quebec* " *dans l'Amerique Septentrionale et* " *qui pourvoit plus amplement au* " *gouvernement de la dite province"* " et il eft par le prefent ftatué par " la même autorité, que &ca.

PRESIDENT DE COMITE.
Les membres d'un comité fe choi-fiffent à la pluralité des voix un pre-

fident qui tient ordinairement un journal des tranfactions et refolutions du comité, fi c'eft un comité particulier. C'eft lui qui met aux voix les queftions et il decide qui des ouis ou des noms l'auront emporté. Il a la même autorité que l'orateur. Le prefident d'un comité fur un bill privé ne doit pas fieger avant d'en avoir affiché notice dans le veftibule de la chambre huit jours d'avance. Quand la chambre fe forme en comité, l'orateur laiffe la chair et le prefident prend la place du greffier à la table.

des comites
1.

des bills prive's 4.

des comite's
1.

PRETRES, les prêtres, curés et ecclefiaftiques de la religion Romaine ou de toute autre fecte ne peuvent être membres de l'affemblée ni voter.

St. 31. G. III.
C. 31. S. 21.

PRIVILEGES DU PARLEMENT. Il feroit temeraire d'entreprendre de définir les privileges du parlement, auffi fe contera-t-on de citer ce que dit Hatzell 1er. volume ch. v. p. 196. à ce fujet ; que les communes d'Angleterre dans leurs déclarations de leurs privile-

ges ont toujours eu en vue de s'af-
furer 1 °. le droit d'affifter au parlement fans être moleftés par les
menaces ou les infultes des indivi-
dus. 2 °. que leurs penfées et
leurs attentions ne fuffent point in-
terrompues par rapport à leurs
biens. 3 °. Que la chambre ne fut
point privée de leurs préfences per-
fonnelles, foit par des ordres des
cours inferieures, foit par l'arrefta-
tion de leurs perfonnes dans les
caufes civiles, ou ce qui étoit de la
derniere importance, par emprifon-
nement de la part de la Couronne
pour quelqu'offence fuppofée que
ce fut. Elles n'ont jamais preten-
du que leurs membres fuffent dif-
penfés des pourfuites criminelles ou
des infractions de la paix, fcachant
qu'un privilege qui eft accordé pour
le bien du fervice public ne doit pas
tourner à fon detriment. La chambre d'affemblée de ce pays a fimple-
ment réfolu que quand une matiere
de privilege fe prefentera elle fera
immédiatement prife en confidéra-
tion. Ceux qui defirent s'inftruire

fur cet objet intereſſant doivent
conſulter Hatzell et la traduction
de la Lex Parliamentaria.

St. 31. G. III.
C. 3. S. 27.

PROROGATION. Le Gou-
verneur eſt autoriſé de diſſoudre ou
proroger le parlement provincial.

QUEBEC. Le comté de Quebec

Proclamation
du 7 Mai
1792.

comprend toute cette partie de la
province fur le coté nord du fleuve
St. Laurent entre le coté Eſt du
comté d'Hampſhire et une ligne
courant nord nord-oueſt de l'angle
Sud-Oueſt d'une étendue de terre
communement appellée la feigneurie de Beaupré près de l'embou-
chure de la riviere Montmorency,
enfemble avec toutes les Iſles dans
le dit fleuve St. Laurent les plus
voiſines du dit comté et lui faifant
face en tout ou en partie, excepté
l'Iſle d'Orleans ; renfermant dans le
dit comté l'étendue de terre com-
priſe dans les limites de la cité et

St. 46. G. III.
C. I. S. 9.

ville de Quebec. Ce comté a le
droit de choiſir deux membres pour
l'aſſemblée, dont l'election doit ſe
faire dans la paroiſſe de Charles-
bourg. La ville et cité de Quebec

est divisée en deux parties nommées la haute et basse ville. Chacune des quelles a le droit de nommer deux membres pour l'assemblée.

Proclamation du 7 Mai 1792.

QUESTIONS. Toutes les questions qui peuvent s'elever sur le droit d'être sommé au conseil legislatif doivent être décidées par le dit conseil sujettes à un appel au Roi en parlement. Toutes les questions dans la chambre doivent être decidées à la majorité des voix des membres presents. Quand une question est en debat, aucune motion ne doit être reçue, amoins quelle ne soit pour l'amender, la remettre à un comité, l'ajourner à un certain jour, ou pour la question prealable, ou pour ajourner la chambre. La question prealable, jusqu'à ce qu'elle soit decidée, exclut tout amendement et debat sur la question principale. La question prealable, doit être dans l'une ou l'autre de ces formes. *La question principale sera t-elle maintenant mise ?* ou, *que la question soit maintenant mise.* Toutes les questions, soit en comi-

St. 31. G, III. C. 31. S. 2.

ib. S. 28,

des motions et questions 5.

ib. 6.

ib. 7.

té foit dans la chambre, doivent être mifes de fuite comme elles ont été prefentées.

QUORUM. Eft le nombre competent de membres dans la chambre pour proceder aux affai-

res. Ce nombre doit être de quinze, l'orateur compris. Faute de quorum à trois heures l'après midi, l'orateur peut ajourner. Il a

été refolu que fi lors de la nomina-tion d'un comité, on oublioit d'en fixer le quorum, le dit quorum con-fifteroit d'autant de membres qu'il en faut pour faire la majorité des membres qui compofent le dit co-mité.

RELIGIEUX. Les membres de quelqu' ordre réligieux que ce foit

ne peuvent être membres de l'af-femblée ni officiers rapporteurs.

REPRESENTANTS. Le nom-bre des reprefentants de la province du Bas Canada dans la chambre d'affemblée eft de cinquante.

REQUETES. Les requêtes contre les elections doivent expri-mer clairement et avec precifion les caufes de plainte foit contre des membres fiegeants foit contre les sheriffs, foit contre, les officiers rapporteurs. Quant a la maniere de proceder fur icelles voyez ELECTI-ONS à la lettre E. Un bill privé *des bills privés* 1. ne peut être introduit que fur re-quête prefentée par un membre et fecondée par un autre. Il n'eft pas *ib.* 2. permis d'introduire aucun bill fur requête tendante a établir un péage ou a impofer des droits pour quel-qu'ouvrage amoins que la dite re-quête n'ait été referée à un comité pour en examiner la matiere et en faire rapport à la chambre. Tou-tes requêtes, memoires ou autres *des requêtes* 1. papiers doivent être prefentés à la chambre par un membre fiegeant, le quel eft refponfable qu'ils ne con-tiennent rien d'impropre ou d'in-decent. La chambre ne reçoit au- *ib.* 2. cune requête tendante à obtenir de l'argent pour fervice public a-moins qu'elle ne foit recommandée par le Gouverneur.

RETOURS DES WRITS *St. 31. G. III.* **D'ELECTIONS.** Il eft ftatué que *C. 3. S. 18.*

H

les retours des writs d'election doivent fe faire dans les cinquante jours au plus à compter du jour de leur date, il n'y a d'exception que pour le diftrict de Gafpé dont le retour eft prolongé à cent jours en raifon de fon eloignement et de la difficulté des trajets.

St. 42. G. III. C. 3.

RICHELIEU. Ce comté comprend toute cette partie de la province fur le coté occidental du comté de Buckinghamshire et les lignes fuivantes fçavoir, une ligne courant fud-eft de l'angle occidental d'une étendue de terre communement appellée la feigneurie de St. Ours jufqu'à ce quelle coupe le bord Eft de la riviere Sorel autrement dite Richelieu ou Chambly ; de là en montant le bord Eft de la dite riviere jufqu'aux bornes nord-eft d'une étendue de terre communement appellée la feigneurie de Rouville et de là par une ligne courant fud-eft aux limites de la province, enfemble avec les Ifles dans le fleuve St. Laurent ou lac St. Pierre les plus voifines du dit com-

Proclamation de 7 Mai 1792.

té et lui faifant face en tout ou en
partie, et auffi les Ifles dans la dite
riviere Sorel dite Richelieu ou
Chambly les plus voifines du dit
comté et lui faifant face en tout ou
en partie, y compris l'étendue de
terre formant la ville ou bourg de
William Henry. Il a le droit de
choifir deux membres pour l'affemblée dont l'election doit fe faire en
la paroiffe de St. Ours.

St. 40. G. III.
C. 1. S. 9.

SANCTION ROYALE. Les
bills pour avoir force de loix doivent être fanctionnés par le Roy en
perfonne ou fon reprefentant. Dans
cette province, c'eft le Gouverneur
le Lieutenant Gouverneur ou la
perfonne ayant l'adminiftration du
gouvernement qui, comme reprefentant fa Majefté, eft revêtu du
pouvoir de donner ou retenir la
fanction Royale aux bills, ou de la
referver jufqu'à ce que le bon plaifir
de fa Majefté foit connu; excepté
cependant qu'il ne peut l'accorder
aux bills qui touchent en quelque
chofe que ce foit au culte religieux
en ce pays, à fes miniftres ou à leurs

St. 31. G. III.
C. 31. S. 30.

ib

droits, fans qu'au prealable les dits
bills ne foient tranfmis au parlement Britannique. Quand à la maniere de proceder par fa Majefté
pour donner la fanction royale aux
bills et dans quels termes il eft d'u-
fage de la donner, voyez la traduction de la Lex parliamentaria à la
page 312 et 313.

SAINT MAURICE. Ce com-
té comprend toute cette partie de
la province fur le coté nord du
fleuve St. Laurent entre le comté
Eft de Warwick et une ligne parallele à icelui courant de l'angle fud-
Eft d'une étendue de terre commu-
nément appellée la feigneurie de
Batifcan, enfemble avec toutes les
Ifles dans le dit fleuve St. Laurent
les plus près du dit comté et lui faifant face en tout ou en partie y compris l'étendue de terre formant la
ville et bourg des Trois Rivieres.
Ce comté a le droit de choifir deux
membres pour l'affemblée dont l'e-
lection doit fe faire en la paroiffe de
machiche et enfuite en celle de
Champlain.

Proclamation
du 7 Mai
1792.

St. 40. G. III.
C. I. S. 9.

SERGENT D'ARMES ou porte maſſe de la chambre eſt un officier chargé du ſoin des portes et de mettre à execution les ordres de la chambre pour arrêter et tenir ſous ſa garde les delinquants qui lui ſont donnés en charge par la chambre. Il doit ſur l'ordre de l'orateur faire ſortir les étrangers quand quelque membre deſire que les galeries ſe vuident.

Regles.
des Elections 14,

des membres 10.

SERMENTS. La preſtation du ſerment de fidelité à un ſouverain etranger fait perdre la place au conſeil legiſlatif à celui qui a preté le dit ſerment ainſi que le droit heridiitaire d'y être ſommé. Les electeurs s'ils en ſont requis ſont obligés d'affirmer qu'ils ſont duement qualifiés. Les membres ne peuvent ni ne doivent ſieger dans l'aſſemblée ſans avoir prealablement preté ſerment. Les officiers rapporteurs doivent auſſi preterſerment avant que de proceder aux elections ainſi que leurs clercs.

St. 31. G. III.
C. 31. S. 7.

ib. S. 24.

St. 40. G. III.
C. 1. S. 15,

St. 40. G. III.
C. 1. S. 6.

ib. S. 7.

SOMMATION. Le Gouverneur de la province eſt tenu de ſom-

St. 31. G. III.
C. 31. S. 27,

mer et convoquer le parlement provincial aux moins une fois l'an.

SUBSIDES. voyez TAXE à la lettre T.

SURREY. Ce comté comprend toute cette partie de la province sur le coté sud du fleuve St. Laurent entre ce fleuve et la riviere Sorel dite Richelieu ou Chambly et entre la ligne sud-est courant de l'angle occidental de l'étendue de terre appellée la seigneurie de St. Ours et une ligne parallele à icelle courant de l'angle occidental d'une étendue de terre communement appellée la seigneurie de Varennes ensemble avec toutes les Isles dans le dit fleuve St. Laurent les plus voisines du dit comté et lui faisant face en tout ou en partie et avec aussi toutes les Isles dans la riviere Sorel dite Richelieu ou Chambly les plus voisines du dit comté et de ce coté vis-à-vis d'icelui en tout ou en partie. Ce comté a le droit de choisir deux membres pour la chambre d'assemblée dont l'élection se fera en la paroisse de Vercheres.

Proclamation du 7 Mai 1792.

St. 40. G. III. c. 1. s. 9.

TAXE. Afin de tranquillifer les efprits et lever tous doutes en ce pays il eft declaré que le Roi et le parlement de la Grande Brétagne n'impoferont aucun droit, taxe ou cotifation en ce pays, fi ce n'eft pour le reglement du commerce, encore feront ils appliqués à l'ufage du pays. Toute motion faite dans la chambre pour aide, fubfide, impot ou taxe fur le peuple ne peut être prife en confideration tout de fuite, elle doit être ajournée à un jour fixé par la chambre pour être debattue dans un comité general qui fera rapport avant de prendre aucune refolution fur l'objet en queftion dans la chambre. Tous aides et fubfides accordés à fa Majefté par la légiflation du Bas Canada font le don de l'affemblée feule. Les bills qui les concernent doivent originer chez elles parceque à elle feule appartient le droit de diriger, limiter et pointer les fins, buts, confidérations, conditions, reftrictions et qualifications de ces dons qui font inalterables par le confeil legiflatif.

St. 31. G. III. C. 3. S. 46. et 47.

Regles. des aides et fubfides. 1.

ib. 2.

TEMOIGNAGE. Il ne fera admis dans la chambre aucun témoignage *ex parte* ni *affidavit*, fi on peut produire la perfonne. On entend d'abord les témoins à l'appui des requêtes enfuite ceux de la partie adverfe. Après que les témoins

ont été queftionnés et tranfqueftionnés par les parties, tout membre peut propoferdes queftions par écrit à l'orateur qui les foumet aux témoins amoins qu'il ne les juge pas pertinentes. Les parties intereffées

doivent remettre au greffier une lifte des perfonnes et pieces dont elles ont befoin et l'orateur accorde un warrant pour faire venir les témoins et produire les pieces.

TEMOINS. Les témoins due-

ment affignés pour comparoitre devant la chambre, ou un comité de la chambre, doivent comparoitre fous peine d'être confiderés comme coupables de mepris envers la chambre et d'être arrêtés par le fergent d'armes. Les témoins ne doivent

point parler indecemment contre

aucun membre ni contre les regles
de la chambre d'autant qu'ils pourroient être appellés à l'ordre par
tout membre qui reclameroit le pri-
vilege. Il eſt d'uſage de baiſſer la Lex parliam.
barre pour entendre un témoin p. 285. & 286.
quand la chambre ſiege, mais non
pas quand elle eſt en comité.

TEXTE. Le texte des loix eſt Bills pub'ics
conſideré être dans la langue de la   3.
loi auquel le bill aura rapport.

TITRES HEREDITAIRES St. 31. G. III.
D'HONNEUR. Le Roi peut an- C. 3. S. 6.
nexer à ces titres le droit d'être
ſommé au conſeil legiſlàtif.

TITRES DES BILLS. Les ti- des bills pub-
tres des bills doivent être conſiderés lics 8.
en dernier comme les preambules.

TROIS RIVIERES. La ville Proclamation
ou bourg des Trois Rivieres a le du 7 Mai
droit de choiſir deux membres pour 1792.
l'aſſemblée.

WARRANTS. L'orateur e- Regles
mane les warrants pour faire venir des eleƈtions
les témoins et pour faire exhiber les   13.
pieces dont les parties peuvent avoir
beſoin, et quiconque refuſe d'obéir
à ſes warrants eſt conſideré cou-   14.

pable de mepris envers la chambre et sujet à être arrêté par le sergent d'armes. Si l'orateur est informé qu'il y a une place vacante dans la chambre par la mort d'un membre ou autrement il doit emaner son warrant au greffier de la couronne en chancellerie pour qu'il sorte un nouveau writ d'election.

St. 4c. G. III. C. I. S. 20.

WARWICK. Ce comté comprend toute cette partie de la province sur le coté nord du fleuve St. Laurent entre le coté Est du comté de Leinster et une ligne parallele à icelui courant de l'angle sud-est d'une étendue de terre communement appellée la seigneurie de Berthier ensemble avec toutes les Isles dans le dit fleuve St. Laurent les plus près du dit comté et lui faisant face en tout ou en partie. Ce comté a le droit de choisir deux membres pour l'assemblée dont l'election doit se faire en la paroisse de Berthier.

Proclamation du 7 Mai, 1792.

St. 40. G. III. C. I. S. 9.

WILLIAM HENRY. La ville ou bourg de William Henry comprend toute cette étendue de terre

Proclamation du 7 Mai, 1792.

comprife dans le comté de Richelieu bornée en front par la riviere
Sorel autrement dite Richelieu ou
Chambly par derriere par une ligne
parallele au coté Eft de la place royale de la dite ville à la diftance de
cent chaines d'icelle fur le coté
nord du fleuve St. Laurent et fur le
coté fud par une ligne parallele au
coté fud de la place royale de la
dite ville à la diftance de cent chaines d'icelle. Cette ville ou bourg a
le droit de choifir un membre pour
l'affemblée.

WRITS. Les writs pour les
elections feront emanés par le Gouverneur de la province dans quatorze jours après qu'ils auront été
fcellés et ils feront adreffés aux differents officiers rapporteurs qu'il
aura choifi. Les writs pour Elire
de nouveaux membres, lorfque des
places font vacantes, fortiront dans
les fix jours après information donnée à l'office d'où ils doivent emaner. Les retours et rapports de ces
writs doivent être faits dans cinquante jours au plus, excepté pour

St. 31. G. III.
C. 31. S. 18.

St. 40. G. III.
C. 1. S. 1.

St. 31. G. III.
C. 31. S. 18,

St. 42. G. III. C. 3.

le comté de Gaſpé qui eſt prolongé a cent jours. Les indentures et certificats des ferments des officiers rapporteurs et de leurs clercs doivent être annexés aux writs.

St. 40. G. III. C 1. S. 6. & 14.

YORK. Ce comté comprend toute cette partie de la province ſur le coté nord du fleuve St. Laurent entre les bornes les plus hautes d'icelui et une ligne courant oueſt nord-oueſt de l'angle ſud-eſt d'une étendue de terre communement appellée la ſeigneurie Dumont enſemble avec les Iſles Perot et Bizarre et toutes les autres Iſles dans les rivieres St. Laurent et Ottawa les plus près du dit comté et lui faiſant face en tout ou en partie excepté les Iſles de Jeſus et de Montreal. Ce comté a le droit de choiſir deux membres pour l'aſſemblée, dont l'election doit ſe faire d'abord en la paroiſſe de Vaudreuil et enſuite en celle de la riviere du chêne.

Proclamation du 7 Mai 1792.

St. 40. G. III. C. 1. S. 9.

F I N.